Lb 384.

AF264188

LA·FRANCE
ET LA RUSSIE

OU

L'EMPIRE RECONSTITUÉ

EXTRAIT D'UN OUVRAGE INÉDIT

SUR LA

COLONISATION DE L'ALGÉRIE

Par Sosthène Chaussenot

Prix : 1 fr.

CHEZ TOUS LES LIBRAIRES DE PARIS

ET DES DÉPARTEMENTS

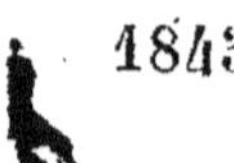

1843

Tout exemplaire non revêtu de ma griffe sera réputé contrefait.

Paris. — Impr. de H. V. DE SURCY et Comp., rue de Sèvres, 37.

FRANCE ET RUSSIE.

La décadence de l'empire ottoman porte un rude coup à l'équilibre européen actuel. Soulevons un coin du voile mystérieux qui cache l'avenir : si nous jetons un coup d'œil rapide sur le monde civilisé, nous n'apercevons actuellement que quatre puissances dont la volonté puisse avoir du poids dans la balance qui pèse les destinées du monde ; soit la Russie (la Prusse et l'Autriche), la France et l'Angleterre. La plus grande force de la Russie est locale ; elle est défensive, car elle existe au moyen du climat qui la met à l'abri d'une invasion : mais ses vaillants et nombreux soldats peuvent pousser avec vigueur une guerre offensive. Avis aux autres nations de se liguer entre elles en cas de danger, sous le patronage d'un allié fort sur terre et sur mer. La Russie ne peut venir en Europe qu'avec des idées de stériles conquêtes, car elle ne peut déplacer ou exterminer une population libre et éclairée. Il faut d'ailleurs qu'elle place sa population; elle tend donc à se porter vers l'Asie, bon gré malgré. Profitons, à notre avantage, de cette tendance, en favorisant et accélérant un événement utile pour nous, et qui de plus est indéviable.

La Prusse et l'Autriche, comme lancées providentiellement en médiatrices entre deux puissances qui commencent à s'ériger en maîtres des destinées humaines, ne peuvent être que puissances continentales, et maintenant une puissance de premier ordre doit aussi être maritime; car la richesse fait la force : c'est le baume qui guérit les plaies profondes que les guerres laissent après elles, et la richesse n'existe pas sans commerce. Il faut donc qu'elles soient les alliées de deux empires que l'on commence à entrevoir; elles ne peuvent se liguer avec la Russie, ce colosse qui sans cesse cherche à s'arrondir aux dépens des États voisins, car, en écrasant la France, elles se tueraient à coup sûr. On objectera que la Prusse et l'Autriche peuvent se liguer avec l'Anglais; mais, comme je le dirai plus loin, la France et l'Angleterre ne peuvent vivre toutes deux comme puissances du premier ordre, du moment que les Russes seront les maîtres de l'Inde. Il y a entre l'Angleterre, la France et la Russie une grande soustraction de nations : qui de trois ôte un, reste deux ; il s'agit de savoir si nous consentirons à nous laisser déchoir.

Les Autrichiens, qui ont besoin de se protéger contre l'empire du Nord, verront bien , dût-on ne leur supposer qu'un gros bon sens , qu'il s'agit d'une guerre à outrance ; il ne leur échappera pas que l'Angleterre est une puissance factice, un gui qui ne peut vivre qu'aux dépens des autres peuples. Sa question de vie est dans un débouché pour ses produits manufacturiers ; elle consomme plus qu'elle ne produit, elle est forcément distendue sur le globe , elle est faible chez elle, nous aurons donc pour alliés les susdits peuples. Le rôle de ces puissances doit tendre à empêcher les envahissements de la France ou de la Russie , selon que l'une ou l'autre tendront à soumettre leurs voisins : c'est un bouclier qui servira tour à tour pour l'une ou pour l'autre ; car je pose en principe que la neutralité de fait est impossible en cas de guerre , pour une puissance qui se trouve contiguë à deux nations belligérantes et comme jetée en travers de leur ambition réciproque.

La politique va trouver là un équilibre nouveau, réel et durable.

La France a crû prodigieusement en puissance par suite de sa centralisation et par l'enthousiasme que donne la liberté ; son soldat est le plus redoutable d'Europe, il apporte dans la lutte un intérêt personnel, son intelligence pare à toutes les éventualités. Un homme distingué, d'une position élevée, vient-il à être enlevé par le tourbillon des destinées finales de l'homme, on peut crier soudain : Le génie est mort, vive le génie ! L'invention de Fulton est pour la France d'une portée immense : elle semble allonger des isthmes entre les puissances d'outre-mer, elle embarque sur une plaine liquide le cortége et la tactique des guerres continentales. Tout notre avenir est maintenant dans une alliance avec la Russie, si, pour le sacrifice de l'Inde, elle consent à nous laisser battre les Anglais ; mais hâtons-nous, de peur

BIBLIOTHÈQUE ROYALE

qu'en désespoir de cause l'Angleterre ne sacrifie l'Inde pour la Chine ou le Brésil : la Russie y consentirait, et nous serions battus et réduits à puissance de second ordre ; car si, dans certaines circonstances, la France peut braver plusieurs puissances, elle ne peut ni le faire ni l'entreprendre impunément. Nos intrigues avec la Russie se cacheront sous les apparences d'un traité de commerce, les Anglais nous susciteront des ennemis en secret, et dans l'attaque ils chercheront sans doute l'avantage que donne une surprise ; mais, si nous ne commençons pas ostensiblement les hostilités avec Albion, nous aurons l'œil ouvert, nous surveillerons activement ses démarches pour les déjouer, nous lui interdirons en Afrique toute prise de possession de littoral méditerranéen, et si cette traîtresse alliée cherche à entraver la colonisation d'Alger, si elle agit sourdement pour nous susciter des ennemis, alors nous poussérons le cri de guerre, et tout sera prêt, parce que la France doit s'attendre à ce dénoûment : dans cette circonstance, nous faire céder Mahon pour Gibraltar que nous ferons rendre à son vrai maître, sera chose profitable et possible. Lorsque les Français, qui ne peuvent juger les intentions du gouvernement que sur les apparences, verront que les paroles des ministres décèlent une politique timide, ils feront leur possible pour les armes, et ils se défendront comme des hommes qui veulent se laisser battre; elle viendra, par haine de l'Anglais et par une opposition attrayante, tomber dans le piége qu'on lui tendra, comme un papillon qui vient se brûler à une chandelle, et les hommes d'État diront aux ambassadeurs : Que faire? Vous connaissez nos intentions pacifiques, nous vous en avons donné des preuves ; nous désarmerons quand nous pourrons : mais attendez.

Il me reste deux épouvantails à détruire : la crainte d'une guerre civile et celle d'une invasion ennemie, dans le cas où la Prusse et l'Autriche se ligueraient avec l'Anglais, c'est-à-dire le pis-aller. Nous avons dit que la France ne devait pas se mettre en hostilités ouvertes sans motifs graves avec plusieurs puissances européennes ; mais elle possède encore ici, au moyen de la politique, une arme terrible, je veux parler de la propagande révolutionnaire ; car l'exemple de 1830 est une leçon pour la France, elle nous donne la conviction de notre force. Si, à cette époque, les puissances étrangères n'ont pas fait une invasion chez nous, c'est que nous tenions en notre pouvoir l'arme terrible dont j'ai parlé plus haut, et dont la seule pensée fait frissonner d'effroi les monarques despotes : ils n'ignorent pas que, tout bien considéré, leur haine pour nous est une haine toute personnelle, et si le volcan qui s'est trahi en tant de points en juillet, lors de notre glorieuse révolution, ne lance plus de balles et de boulets, il n'est pas éteint pour cela. L'Autriche et la Prusse nous seront donc assurées par l'intérêt personnel des potentats, tout aussi bien que par la crainte de la Russie et la ruine de l'Anglais. Quant à l'anarchie, si la révolution de 93, qui a pour ainsi dire racheté ses crimes avec usure par les institutions et la force qu'elle a léguées à la France ; si cette révolution a porté des coups destructeurs à l'ancien amour des Français pour leurs souverains, pour ne leur laisser que la considération personnelle qui s'attache au mérite, la seule royale, la seule à ambitionner, ne nous a-t-elle pas fait hériter de cette homogénéité, de cet amour-propre national, de cet attachement à la patrie qui fait que désormais tous les partis se confondent, tous les intérêts se taisent quand il s'agit d'augmenter la grandeur et l'influence de la

France, ou de défendre son territoire menacé? Le peuple français est plus noble et plus généreux que ne le supposent ceux qui craignent l'anarchie, quand il a un gouvernement qui comprend les besoins du pays.

Il nous reste à faire le compte de l'Angleterre ; mais nous avons presque honte de rappeler des faits que tout le monde connaît, de citer des arguments qui ne devraient échapper à personne, et de combattre des opinions erronées et funestes au pays. La conduite de l'Angleterre avec les autres puissances fut toujours une politique de Robert-Macaire, et les autres peuples ont joué avec une entente et une docilité vraiment comiques le sot rôle de Bertrand qu'elle leur assignait. Cependant les guerres de l'Empire ont porté aux Grands-Bretons un coup dont ils ne se relèveront pas. Napoléon a brillé comme un phare universel; il a appris aux États qu'en cas de guerre une puissance devait être à même de se passer du commerce des autres nations, et maintenant les encouragements qu'on donne partout à l'industrie nationale privent déjà l'Anglais d'un commerce important; la perte de l'Amérique lui a été sensible, celle de l'Inde serait pour elle le coup de grâce, et *peut-être même se verrait-elle forcée à se soumettre à son mauvais sort sans combattre, crainte d'empirer le mal.* Tous savent que notre commerce vit aux dépens de son commerce, nos alliances l'offusquent depuis que ces deux peuples existent; ils se sont toujours rencontrés en adversaires sur les champs de bataille; partout ils sont rivaux de gloire, de prépondérance, partout ils sont rivaux d'intérêts, et l'on s'étonne que des gens prônent l'alliance anglaise alors même que la conservation de la conquête d'Alger et l'accroissement de notre marine la rendent désormais impossible. Mais jetons un coup d'œil scruta-

teur sur cette belle orgueilleuse, et exa-
minons sa force. Ses colonies lointaines
l'affaiblissent physiquement et intérieure-
ment; elle se compose de trois peuples
ayant tous trois des motifs de haines réci-
proques; et si l'Angleterre ne s'est pas
encore disloquée, c'est parce que l'Irlande
ou l'Écosse n'ont point trouvé d'appui;
mais surtout aussi, et, selon moi, c'est la
plus forte raison, parce qu'elles sont re-
liées à la Grande-Bretagne par un amour
profond et bien senti pour le chef monar-
chique, amour que d'ailleurs l'intérêt et
la conduite inconsidérée de l'aristocratie
battent en brèche à coups redoublés dont
l'effet est sensible. Je me répète en quel-
que sorte, pour faire mieux comprendre
ma pensée : vouloir maintenir l'ancien
équilibre européen est un espoir vain. On
a dit que les puissances du Nord tendent à
venir faire invasion dans le midi de l'Europe tôt ou tard, et cela par la raison qu'au

moyen âge des myriades d'individus ont réalisé cet événement. On ne se donne pas même la peine de réfléchir qu'ils y venaient d'abord pour y trouver une patrie qui pût les nourrir, ou chassés par d'autres hordes sauvages, et que, s'ils avaient rencontré une population compacte et forte, ils se fussent dirigés dans une autre direction : témoin les guerres des barbares en Italie. Le chiffre de la population actuelle nécessite de nouvelles émigrations, et leur marche est toute tracée : c'est dans le Nouveau-Monde qu'elles doivent et peuvent se faire.

Et puis, disons en passant à nos trembleurs politiques, que si l'Europe entière peut rendre pour longtemps la France impuissante, on ne peut se la partager, vu d'abord qu'on ne pourrait s'accorder à la curée. On ne fait point disparaître une aussi grande nation une et libre. La France peut perdre sa puissance extérieure, être réduite aux abois par suite des mauvais rapports avec l'Europe; mais un État comme la France ne tombe en esclavage ou servilisme que par la corruption générale ou l'anarchie. Or, nous sommes loin d'être plongés dans cette corruption générale, cortége obligé de la décadence rapide des empires; nous ne faisons encore qu'y toucher, et nous pouvons nous arrêter à temps. Quant à l'anarchie, un gouvernement sage et prudent peut très-bien la conjurer.

FIN.

www.ingramcontent.com/pod-product-compliance
Lightning Source LLC
Chambersburg PA
CBHW050743070726
47597CB00009B/4050